LES
ENFANTS DE LA FOLIE

Choix de chansons nouvelles.

Prix : 50 Centimes.

LES ENFANTS
DE
LA FOLIE

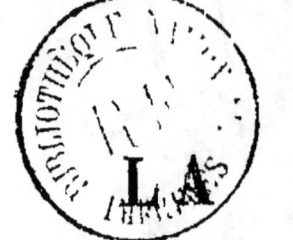

Choix de Chansons, Romances, Chansonnettes,
Mélodies, Chants patriotiques, etc., etc.

PAR

LES AUTEURS LES PLUS CONNUS
ET LES PLUS EN VOGUE

Toutes ces chansons sont interprétées dans les théâtres et les concerts de Paris et de la province.

PARIS
MAISON AUBERT
VALADIER GENDRE ET SUCCESSEUR
ÉDITEUR DE CHANSONS
RUE DOWAT, 20, (ANCIENNE RUE DU PLATRE-ST-JACQUES).

O MA TENDRE MUSETTE

Paroles de La Harpe; Musique attribuée
à Monsigny.
Chantée au théâtre de la Porte St.-Martin; puis
au théâtre du Chatelet dans la pièce
des *Deux Orphelines*
Drame en 5 actes de MM. Dennery et Cormon.

O ma tendre musette,
Musette mes amours,
Toi qui chantais Lisette,
Lisette et les beaux jours;

D'une vaine espérance,
Tu m'avais trop flatté :
Chante son inconstance
Et ma fidélité.
C'est l'amour, c'est sa flamme
Qui brille dans ses yeux :
Je croyais que son âme
Brûlait des mêmes feux.
Lisette à son aurore
Respirait le plaisir :
Hélas ! si jeune encore
Doit-on déjà trahir ?

Sa voix pour me séduire
Avait plus de douceur ;
Jusques à son sourire,
Tout en elle est trompeur :
Tout en elle intéresse,
Et je voudrais, hélas !
Qu'elle eût plus de tendresse,
Pour m'aimer ici-bas

O ma tendre musette,
Console ma douleur :
Parle-moi de Lisette;
Ce nom fait mon bonheur.
Je la revois plus belle,
Plus belle tous les jours ;
Je me plains toujours d'elle,
Et je l'aime toujours !

OT'-MOI
TON CHIGNON

Paroles d'**Antoine REMY**.

Air: *J' t'enlève l' ballon Mad'leine.*

Suis mon conseil, ma Suzon,
La vie, hélas ! que tu mènes
N'est pas de longue saison ;
Après l' plaisir sont les peines,
   Oui, sont les peines.
Pour avoir de la toilette
D' ta mèr' tu fuis la maison
Ot' moi ton chignon, Suzette,
   Ot'-moi ton chinon.

N'abîme pas les cheveux
Que t'a donnés la nature ;
Ce faux chignon est affreux
Et sied mal à ta coiffure,
   A ta coiffure.
Pare-toi, gente fillette,
De bleuets autour du front.
   Ot'-moi ton, etc.

Dépose-le dans l'enclos
De notre voisin Pacôme,
Pour faire peur aux oiseaux
Qui sont sur son toit de chaume,
   Son toit de chaume.
On t' donn'ra nom et cassette,
D'la part d'un gentil garçon.
   Ot'-moi ton, etc.

L'orgueil abat le dégoût ;
Toi, qu'étais si délicate !
Tu mets des faux ch'veux par goût,
Et ça, pour fair' de l'épate,
  Oui, de l'épate.
J' plains l' cuir chev'lu de ta tête
Avec ton genr' benoiton.

  Ot'-moi ton, etc.

J'ai beau t' prendr' par la douceur,
Tu n'en agis qu'à ta tête,
Et tout ça pour ton malheur,
Aussi quand tu s'ras pauvrette,
  Oui, bien pauvrette.
Comm' ma morale est honnête,
Profite de ma leçon.

  Ot'-moi ton, etc.
            (Propriété de l'éditeur).

NE PENSONS PAS
QUE NOUS DEVIENDRONS VIEUX

Air : *Béranger à l'Académie.*

Après l'échec de notre premier père,
Le créateur lui dit pour le punir :
Les tiens et toi vous resterez sur terre
Un temps voulu, mais vous devez vieillir. (*bis*).
Puisqu'il nous faut subir la loi commune,
Employons bien ces temps si précieux. (*bis*).
Mais pour goûter le bonheur sans lacune,
Ne pensons pas que nous deviendrons vieux.

Le peu de temps que nous avons à vivre
Nous fait la loi de le passer gaiement;
Sur tous les points, ami, sachons la suivre,
Chassons de nous le souci, le tourment (bis).
Et quand parfois l'amitié nous rassemble
Justifions notre nom de joyeux (bis).
Rions, chantons, trinquons, buvons ensemble,
Ne pensons pas que nous deviendrons vieux.

Nous n'avons plus de notre adolescence
L'aimable entrain, l'éclat ni la vigueur,
Rapidement s'écoule l'existence,
Le temps est court, profitons du meilleur (bis).
Épicuriens, rallions nos milices,
Narguant des sots les propos envieux (bis).

A soixante ans, créons-nous des délices, } bis.
Ne pensons pas que nous deviendrons vieux.

Quand il faudra terminer notre vie
La parque en vain décochera ses traits,
En résistant à la mélancolie,
Sachons mourir, mais pour vieillir jamais (bis).
Et quand viendra la minute dernière
Disons encor à nos petits neveux
Qui seront là pour nous fermer les yeux :
Voulez-vous être heureux sur cette terre. } bis.
Ne pensez pas que vous deviendrez vieux.

(*Propriété de l'éditeur.*)

PRENEZ PITIÉ DE MA BINETTE

CHANSONNETTE

Paroles d'André MEIGNE.

Air : *Maman, le mal que j'ai*, ou : *la Comète.*

Refrain : Prenez, prenez pitié,
    De ma binette,
    De ma trompette !
J' suis blanc comm' du papier
Je n' pourrai jamais me marier.

Quand on m'aperçoit quelque part,
On m'dit : Vous êtes donc malade ?
Il ne faut pas rentrer trop tard,
Surtout, mangez de la panade. (Refr

Un jour j'entre dans un café,
Pour me fair' servir de la bière;
On me répond : c'est à côté
Que se trouve l'apothicaire. (Refr.)

J'eus beau dir' que je m'portais bien
Personne ne voulut me croire,
Chacun m' proposait un méd'cin,
Pas un ne voulut m' laisser boire. (Refr.)

J'espérais servir la nation,
— Mon numéro semblait l' promettre ; —
Mais v'là qu'à la révision,
On m' trouv' trop faible pour en être. (Refr.)

Depuis longtemps j' faisais de l'œil
A jeune blonde au doux visage,
Qui me dit : j' n'aime pas le deuil...
Avec vous j' gout'rais du veuvage. (Refr.)

Un chien venait d'être écrasé,
Tout l' monde entoure la voiture,
Chacun voulait que j' sois blessé
Tant était pâle ma figure. (Refr.)

Un Monsieur venait de mourir :
C'était mon voisin du cinquième;
Quand on vint pour l'ensevelir,
On me prenait pour le mort même. (Refr).

NE DANSEZ PLUS

ROMANCE DRAMATIQUE
Paroles de L. de JOUANCY.
Air : *Des petits coupeurs de bois.*

Auprès d'un tout petit village
Des fillettes et des garçons
Dansaient en riant sous l'ombrage
Au son de joyeuses chansons.
Tout à coup un vieux militaire
Leur apparut en leur disant :
Vous oubliez que plus d'un frère
S'est fait tuer en combattant.   Ah !

Ne dansez pas garçons et filles,
Pensez à nos pauvres vaincus,
Songez au deuil de leurs familles,
Priez pour eux, ne dansez plus.

Où vous folâtrez, la mitraille
A tué ceux que nous pleurons ;
Quand vint la fin de la bataille
Partout résonna le clairon.
On fit l'appel de tout le monde ;
Beaucoup ne répondirent pas...
Ils dorment dans la nuit profonde,
Pleurons ces valeureux soldats.   (Ref.)

Je connais une pauvre mère
Qui devint folle après cela ;
Lorsqu'il partit elle était fière ;
Elle disait : il reviendra.
Le destin voulut autre chose :
La mère, hélas ! ne put revoir
Le fils bien-aimé qui repose,
Qui se battait avec espoir.   (Ref.)

A ces mots une jeune blonde
Répondit au noble vieillard :
Que votre amitié nous seconde,
Prions pour ceux que le hasard
Fait reposer sous cette terre:
Nous aiderons leurs bons parents,
Et nous consolerons la mère
Qui pleure ses pauvres enfants.   (Ref.)

LA JOLIE PARFUMEUSE

Paroles de André MEIGNE.

Air de *la fille de Madame Angot* (pas bégueule).
Musique de Ch. LECOQ.

Il est un' belle fille
Connue de tout Paris ;
Elle est bonne et gentille,
Mais r'pousse les maris.
Ell' vend de la pommade
Aux dames, aux gandins ;
Ell' n'est jamais malade,
Ell' n'a jamais d' chagrins.

Refrain.
Très-rieuse,
Vaporeuse,
Voici, telle est, en deux mots,
La joyeuse,
Parfumeuse,
Quand ell' débite ses pots.

Elle rend des services
Aux femmes sans fraîcheur;
Par cent mille artifices
Ell' donne la couleur
Qui manquait à la femme,
Se trouvant sur l' retour,
Ce qui fait que la dame
Peut prétendre à l'amour. (Refrain.)

Le vieillard qui veut plaire
Vient aussi la trouver;
Sa pommad' salutaire
Sait bien le relever.
Elle efface les rides
Vexant les vieux barbons
Qui d'viennent intrépides
Comm' de jeunes garçons. (Refrain.)

Elle a fait sa fortune
A ce joli métier,
Et la piquante brune
Ne veut pas s' marier.
Pourquoi? ça je l'ignore,
Mais on dit qu'un marquis
Depuis longtemps l'adore,
Il s'ra p't'êtr' son mari (Refrain.)

LE DRAPEAU
TRICOLORE
CHANT PATRIOTIQUE.

Haroles de A. HARDY. — Musique de BILRAU.

AIR : *De la France querrière*

Hé ! l'on ne peut avoir la perfidie
A le nier... car nous sommes Français!
Notre bannière, au nom de la patrie,
Porta partout le flambeau du progrès.

Sur chaque pli se trouvent nos faits d'armes ;
Sur chaque pli se trouve notre honneur ;
Ils sont marqués avec le sang, les larmes
De ces héros dont on sait la valeur.

    Peuple français, allons ! que l'on arbore
    Ces trois couleurs qui nous font tressaillir.
    Oui, conservons le drapeau tricolore,
    C'est le passé, c'est l'avenir.

Par sa valeur, il nous a rendu libres,
De l'ignorant il a fait un penseur.
De la science il agita les fibres
Dormant encore au fond de notre cœur.
Tous les humains eurent droit à la gloire,
Aussi l'on vit surgir de tous côtés
De vrais héros ayant place en l'histoire,
Livre divin des saintes libertés.
    Peuple français, etc.

Souvenons-nous de son passé sublime ;
Rappellons-nous Austerlitz et Iéna.
Devant ces preux que tout le monde estime,
Combien de fois l'ennemi se courba.
Leurs descendants conquérirent l'Afrique,
Leur noble sang marquèrent tous leurs pas.
Sébastopol vit la France héroïque
Braver la mort dans les plus grands combats.
    Peuple français, etc.

Avec le temps, nos couleurs immortelles
Braveront tout et porteront encor
Par l'Univers des lumières nouvelles
D'où sortira, pour l'homme, l'âge d'or.

Oui, cher drapeau, tu te feras l'égide
Du peuple fort qui respecte ta loi.
Tes trois couleurs rendront l'homme intrépide
Pour le pays..., car la France c'est toi !

    Peuple français, allons ! que l'on arbore
    Ces trois couleurs qui nous font tressaillir.
    Oui, conservons le drapeau tricolore,
    C'est le passé, c'est l'avenir.

LA FOIRE DE NOT' PAYS

Paroles de J.-E. Aubry.

Air : *Vot' femme me l'a défendu.*

Il faut que je vous raconte
Ces jours passés c' que j'ai fait :
D'abord, j' vous dirai, sans honte,
Que l' pain d'épice me plaît ;
Tous les ans, vous pouvez m' croire,
L' matin, je quitt' mon logis
Pour me prom'ner dans la foire,
Dans la foire de not' pays.   *(bis.)*

    J' mangeais un polichinelle
    Au moins d'un mètre de haut ;
    J' rencontre une demoiselle
    Qui trouv' polichinell' beau ;
    En voulez-vous, ça fait boire,
    Galamment que je lui dis.
    C' n'est pas tous les jours la foire,
    La foire de not' pays.

    J'offre mon bras, elle accepte,
    Pour faire un tour c'est conv'nu ;
    Sachez que j'ai pour précepte
    De respecter la vertu.

V'là qu'il tombe, ah! quel déboire!
Une averse, et, sous l' ciel gris,
Fallait nous voir dans la foire,
Dans la foire de n'ot' pays.

J' veux entrer dans un' baraque,
Où j' croyais être charmé,
Un brutal m'envoie un' claque,
Mais un' claque à point fermé,
Qui m'abîme la mâchoire,
Et m' fait salir mes habits;
Car j'suis tombé dans la foire,
Dans la foire de not' pays.

Je me relève en colère
Et cherche mon agresseur :
On me dit que c'est un père
Qui s'était mis en fureur,
En voyant sa fill' Victoire
Que j' prom'nais, sans son avis,
Dans tous les coins de la foire,
De la foire de not' pays.

Chez moi, j'arrive et me couche,
Ayant besoin de repos;
Le coup de poing sur la bouche
N' m'avait laissé qu' trois chicots.
Après une telle histoire,
Messieurs, je me suis promis
De n' plus aller dans la foire,
Dans la foire de not' pays.

(Propriété de l'Editeur.)

FAUBOURIENNE

Paroles d'*Alfred Bourrelier*

Air : *Les vieux Normands,* ou *En avant la Normandie,* etc.

Je suis la petite Flore,
L'enfant du père Constant,
Tous les matins, dès l'aurore,
Je me réveille en chantant;

Puis lestement je m'habille,
C'est pour aller travailler.
Je suis, courageuse fille,
La première à l'atelier.

Refrain : Oui, voilà la Faubourienne,
On l'aime pour son bon cœur :
De la Cité parisienne,
C'est la vertu, c'est l'honneur !

Moi je fus dès mon jeune âge,
Habituée à travailler.
Je sais faire un noble usage
De l'argent que j'ai gagné :
Voulant narguer la misère,
Je travaille avec ardeur.
Pour soutenir mon vieux père,
J'ai du courage et du cœur.

    Oui, voilà, etc.

Je suis loin d'être coquette
J'aime la simplicité.
Un bonnet blanc sur ma tête,
Ne nuit pas à ma beauté :
On dit que je suis gentille,
Je ne crois pas les flatteurs ;
Pour l'honneur de ma famille,
J'ai du respect pour les mœurs...

    Oui, voilà, etc.

En mourant, ma bonne mère,
M'a souvent recommandé :
Tu prendras soin de ton père,
Ne vas pas l'abandonner...

Mon cœur est plein de tendresse,
Je lui prouve chaque jour,
En ayant pour sa vieillesse,
Beaucoup de soin et d'amour.
 Oui, voilà, etc.

Mais tu ne peux rester fille,
Me dit, mon père, un matin;
Car je connais un bon drille
Qui m'a demandé ta main :
— Je l'aimerai... Je le gage,
S'il veut me faire un serment.
J'accepte ce mariage,
S'il prend le père et l'enfant...

Refrain : Oui, voilà la Faubourienne,
 On l'aime pour son bon cœur;
 De la Cité parisienne,
 C'est la vertu, c'est l'honneur

C'EST L' BON DIEU

Qui l'a Voulu

Paroles de *J.-E. Aubry*

Air: *Tu n'en as jamais rien su.*

Quand le printemps fait renaître
Tout ce qui charme vos yeux,
Enfants, priez le grand maître,
Celui qui gouverne aux cieux.
Par lui tout se renouvelle.
Quand l'hiver a disparu
Si la nature est si belle,
C'est l'bon Dieu qui l'a voulu.

De notre dernière guerre
Jacques revient aujourd'hui
Pour nourrir sa vieille mère,
Pauvre, elle n'a plus que lui.
Ne connaissant pas d'obstacle
En brave il a combattu ;
S'il revient, c'est un miracle,
C'est l'bon Dieu qui l'a voulu.

Pierre a fait un héritage
Qui rend bien des cœurs joyeux,
Car depuis dans le village
Il n'est plus de malheureux.
Si d'estimer son semblable
Il possède la vertu,
Si sa main est secourable,
C'est l'bon Dieu qui l'a voulu.

On accusa Madeleine,
D'avoir volé des bijoux.
Enfants, jugez de sa peine,
Se voyant sous les verroux.
Mais un jour pour sa défense
Un avocat entendu
A prouvé son innocence ;
C'est l'bon Dieu qui l'a voulu.

Bien longtemps votre bon père
A vu la mort près de lui ;
Malade aussi votre mère
Se voit sauvée aujourd'hui.
Vous n'êtes qu'à votre aurore,
Et tout vous est inconnu ;
Pour vous s'ils vivent encore,
C'est l'bon Dieu qui l'a voulu.

(Propriété de l'éditeur)

LE
DÉSESPOIR D'UN POCHARD

Lamentation comique

Paroles de F.-E. PECQUET (de Rouen).

Air : *De la danse du papa Nicolas* (même auteur).

Il faut avouer que j'ai bien du guignon
  V'là que j'ai voulu me détruire,
A cause d'la loi sur l'emploi d'la boisson,
  Vrai il n'y a pas de quoi rire ;
  V'là que j' monte dans mon grenier,
Et là ma foi j'ai voulu m'asphixier ;
  V'là que j'use tout mon charbon,
  Il n'y avait pas de plafond.

J'prends un révolver, je crois qu'c'est à six coups,
　　Je me dis voilà mon affaire,
　　　　charge bien, je bouche tous les trous;
　　Alors je m'dis d'cett' manière
　　Bien sûr je n'me manquerai pas,
Je vais passér de la vie au trépas,
　　Je tir', les capsul's font tic-tac,
　　Pour poudre j'ai mis du tabac.

Encor une fois v'la qu' j'ai manqué mon coup,
　　Alors je me mets en colère,
C'est bien décidé je m'en vais boire un coup,
　　Je vas me j'ter à la rivière;
　　Le clair de lune était bien beau,
Je m'élance, je crois tomber dans l'eau,
　　Il gelait à n'y pas tenir,
　　J' fus obligé de revenir.
J' vas m'empoisonner, cela vaudra bien mieux
　　Et ce sera fini plus vite,
Il faut du poison dans du spiritueux,
　　De souffrir un peu j'en s'rai quitte;
　　De poudre blanche je me sers,
Et je me dis en buvant un grand verr':
　　Avec ça j' peux pas échapper,
　　Mais c'était du sucre rapé.

Faut pourtant mourir et c'est ma volonté,
　　Hé bien, ma foi, je vais me pendre,
Avec ce moyen, c'est une sûreté,
　　Là, j's'rai monté au lieu d' descendre;
　　Au plafond, v'là que j'mets un clou,
J'attach' la corde et j'y passe mon cou,
　　Vrai, faut que je sois bien melon,
　　C'était un' aiguillée d'coton.

Enfin, furieux, je fais mon dernier choix,
　　Je me dis : J'vas m'couper la gorge,
Mais v'là que c'était un vieux sabre de bois
　　Du temps d'l'enfance à mon fils Georges.
　　Ma foi, sur la terre restons
Près de ma femme et près de mon garçon ;
　　Chantons ce refrain des soulards :
　　Il est un Dieu pour les pochards.

(Propriété de l'éditeur.)

LE REPENTIR

Paroles de J.-E. AUBRY

Air : *Laissez les roses aux rosiers.*

Un soir d'hiver à la veillée
Une pauvre vieille filait,
Et racontait à l'assemblée
Combien son cœur hélas souffrait.
— J'avais une fille chérie
Pour qui j'aurais donné mon sang,
Me faudra-t-il quitter la vie
Avant de revoir mon enfant.

Si vous saviez comme son père
Adorait cette ingrate là,
Le pauvre homme dort sous la terre
Maintenant seule me voila.
Moi qui croyait, quelle folie !
La voir heureuse en l'unissant,
Me faudra-t-il quitter la vie
Avant de revoir mon enfant.

Depuis six mois pas de nouvelle
Moi qui lui croyais si bon cœur,
A cette heure, hélas! que fait-elle
Oh! c'est à mourir de douleur.
Qu'elle revienne et puis j'oublie
Ses fautes qui font mon tourment,
Me faudra-t-il quitter la vie
Avant de revoir mon enfant.

Je crois que l'on frappe à la porte,
A cette heure qui peut venir?
— C'est une femme presque morte
Que ramène le repentir.
— C'est ma fille! aussitôt s'écrie
La bonne vieille en l'embrassant,
Tu me reviens et repentie
Je te pardonne, ô mon enfant.

(Propriété de l'éditeur.)

BINETTES
ET
TROMPETTES

CASCADE PARISIENNE.

Paroles d'Auguste HARDY.

Air: *Ah! qu' c'est bête.*

REFRAIN.

Que d' binettes, — Que d' trompettes,
Je remarque autour de moi;
Que d' binettes, — Que d' trompettes
M' font rigoler sur ma foi!

Un gandin qui fait sa tête,
Me fait mal, parol' d'honneur!
Car souvent sa chic toilette,
N'est pas payée au tailleur.
   Que d' binettes, etc.

Je sais que mad'moisell' Chose
Brill' de l'éclat du printemps;
Mais on dit qu' son teint de rose
Lui vient de chez les marchands.
   Que d' binettes, etc.

Un mendiant pèr' de famille
Donne un' dot de vingt mill' francs,
Afin de marier sa fille,
Et d'mand' deux sous aux passans.
   Que d' binettes, etc.

D'puis longtemps j'aimais Titine,
Mais Titin' qu'a d' la vertu,
N'accepta point ma débine,
Et me dit turlututu!
   Que d' binettes, etc.

Si l'on en croit la réclame,
On donn' plus que l'on ne vend,
C'est l' contrair', je le proclame,
Je l' vois bien par mon argent.
   Que d' binettes, etc.

Un ancien marchand d' faïence,
Hérite, et, c'est rigolo,
Depuis qu'il est dans l'*aisance* (les anses),
Il ne veut plus vendre un pot.
   Que d' binettes, etc.

Galilé', l' grand astronome,
Fut la victim' de son temps,
Tandis que Mathieu (d' la Drôme),
Sut gouverner l' sien longtemps.
   Que d' binettes, etc.

PETITS ENFANTS
Aimez bien le Bon Dieu

Paroles et musique d'A. HÉBERT.
Ou : Air de *Béranger à l'Académie*.

Petits enfants qui courez à l'école
Les yeux rougis de givre et de glaçons,
Reposez-vous de cette course folle,
Dans un instant vous direz vos leçons ;
Près du foyer, ici l'on vous convie,
Le malheureux est l'hôte de ce lieu,
Et l'amitié vous aide en cette vie,
Petits enfants aimez bien le bon Dieu.

Dans vos paniers semblable nourriture
N'annonce pas l'opulence à loisir,
Pour vous donner cette maigre pâture,
Pauvres parents vous devez bien souffrir.
Prenez petits du bois pour votre mère.
Ce soir encore vous aurez un bon feu,
Pour secourir les autres sur la terre,
Petits enfants aimez bien le bon Dieu.

C'est la Noël et la campagne blanche,
Prélude hélas ! un froid bien rigoureux ;
Venez à nous et que chaque dimanche.
Au saint autel vous priiez sous nos yeux.
Soyez studieux et par votre énergie,
Vous voguerez sous un ciel toujours bleu ;
Si le bonheur devient votre vigie,
Petits enfants aimez bien le bon Dieu.

AUTANT
MOURIR DE ÇA
QUE
D'AUTR' CHOSE

Chansonnette.
Paroles d'E. BAILLET et A. HARDY.

Air : *J' n'ai pas l'honneur de vous connaître.*

J'étais malad' jusqu'à vingt ans,
J' croyais qu' j'allais fermer mon livre;
Les tisan's, les médicaments,
On n' me donnait que d'ça pour vivre.
Maint'nant comm' tout l'monde du faubourg,
J' mang' du ch'val et j'ai la min' rose;
L' docteur prétend qu' j'avanc' mon tour...
Bah ! puisqu'il faut mourir un jour :
Autant mourir de ça qu' d'autr' chose !

Chaque plaisir est un poison;
Mais dam ! faut d'la philosophie;
Sitôt qu' je m' fâche avec Suzon,
J' tâch' de m' mettr' bien avec Sophie.
Pas d' jalous's, chacun' prend son tour,
J' sais les tourments qu' parfois ça m' cause.
Mais n'y a rien d'gentil comm' l'amour,
Et puisqu'il faut mourir un jour :
Autant mourir de ça qu' d'autr' chose !

Quant au bon vin, j'ai vu parfois
En dévorant un' bourrich' d'huîtres
Avec deux amis, quelqu' fois trois,
Dessécher chacun ses dix litres.
C' qui m' sembl' raid', je l'dis sans détour,
C'est qu' l'estomac plus on l'arrose,
Plus y d'vient brûlant comme un four...
Bah! puisqu'il faut mourir un jour :
Autant mourir de ça qu' d'autr' chose !

Un zouzou, soutien du pays,
S' trouvait dans un désert d'Afrique
Aux pris's avec dix ennemis,
A qui fallait donner la r'plique ?
V'la qu' tout à coup, sur eux, il court.
Murmurant : Pour moi, c'est pas rose,
Si leurs ball's me font voir le tour...
Bah! puisqu'il faut mourir un jour :
Autant mourir de ça qu' d'autr' chose !

Un soir, dans d' pauvres logements,
Un incendi' f'sait ses ravages ;
Les cris de : Sauvez mes enfants !
Sortent de différents étages.
Nos brav'es pompiers mont'nt tour à tour,
S' disant : Si nous r'cevons notr' dose,
Nous l'accepterons sans détour,
Puisqu'il nous faut mourir un jour :
Autant mourir de ça qu' d'autr' chose

(*Propriété de l'éditeur.*

L'ÉPICIER

QUI A

PERDU SA CERVELLE

Chansonnette comique,

Paroles de A. H. (de Novers).

Air : *Adrien c' n'est pas bien,* ou : *J'ai l'nez dur.*

Plaignez un épicier,
Qui vient d'perdre la cervelle;
Il n'vendra plus d'chandelle
Aux femmes du quartier.

  Mettant dans sa balance
  Un sou de poivre fin,
  Il en r'nifla six grains,
Jugez, jugez d'sa souffrance. Plaignez, etc.

  Sa mémoire s'efface
  Depuis ce moment-là ;
  D'mandez du chocolat
Il vous donn'ra d'la mélasse. Plaignez, etc.

  Pour de la confiture,
  Il vous sert du savon
  En disant : il est bon ;
C'est au miel je vous l'assure. Plaignez, etc.

  D'mandez des allumettes,
  Il vous sert aussitôt,
  De cirage, un grand pot,
Qu'il prend avec des pincettes. Plaignez, etc.

  Voulez-vous d'là moutarde,
  De suite il vous pès'ra
  Cinq sous d'café moka,
Tout en criant : à la garde ! Plaignez, etc.

  Il confond un' bougie
  Avec un'balle d'un sou,
  Si vous dit's : il est fou !
Il vous donne une toupie. Plaignez, etc.

  Il sert un' boule de gomme
  Au lieu de cornichons ;
  Avec de vieux oignons
Il veut faire du rogomme. Plaignez, etc.

  Sa légitime en peine
  Depuis cet accident,
  Gémit, pleur' constamment.
Ses yeux coul'nt comme un' fontaine. Refr.

Réponse à M. Eugène BAILLET

ON MEURT
Encor d'Amour !

Paroles d'*Adolphe Perreau*.
Air : On ne meurt pas d'amour !
Chanté par M. *Charelli*, au Concert Parisien.

Les brumes de la nuit avaient sombré les dômes.
C'était un de ces soirs de l'hiver au long deuil
Où les passants obscurs nous semblent des fantômes
Qui retournent glacés au lit noir des cercueils...
La veille, il était là, près de la jeune fille
Qui croyait aux serments du tendre premier jour,
Et dont les doigts tremblants sont meurtris par l'ai-
    On meurt encor d'amour !   [guille...

C'était un doux matin où tout allait renaître :
Les lilas embaumaient dans le jardin voisin.
Elle avait entr'ouvert en chantant sa fenêtre
Pour arroser ses fleurs, son lys et son jasmin.
De ce chant printanier que le rêve parfume
Il avait répété le refrain à son tour;
Dès lors, elle connaît la fièvre qui consume...
    On meurt encor d'amour !

Depuis, le bonheur même avait fleuri sa chambre,
Leurs cœurs même y chantaient comme de gais oi-
Jusqu'à ce triste jour, ce soir froid de décem- [seaux
Où la pluie et le vent battent à ses carreaux.   [bre
Hier, en l'écoutant, son âme était ravie...
Quoi ! tout à coup partir ? sans adieu ? sans retour?
Briser comme un jouet l'espérance et la vie ?
    On meurt encor d'amour !

Bien des jours sont passés, les nuits paraissent [sombres,
Inquiète, elle croit entendre encor les pas
De celui dont le cœur est resté dans les ombres;
Seule, elle peut pleurer, il ne reviendra pas.
Hélas! de jour en jour son âme se consume,
L'ange doit trépasser quand l'homme reste sourd
Devant son lit un jour un long cierge s'allume...
On meurt encor d'amour!

L'HERBETTE
OU LE
RETOUR DU PRINTEMPS
(Paysannerie)

Paroles de J.-E. AUBRY.

AIR : *Ah! qu'il est beau le grand Giroux.*

REFRAIN.

Les beaux jours sont revenus
L' ménétrier qui s'apprête,
Dit que nous avons l'herbette
Pour aller danser dessus
L'hirondelle est de retour
Le haricot sort de terre,
Et Jeanneton la vachère
Fredonne un refrain d'amour. (les beaux etc.

Voyez là-bas Merluchet
Cueillir un bouton de rose
C'est pour l'offrir je suppose
A la fille au père Hoquet.   (les beaux, etc.)
Voyez poussez le cresson
Près du ruisseau qui murmure,
Tout renaît dans la nature
La violette et l'oignon.   (les beaux, etc.).

De grand matin le pinçon
Roucoule sa chansonnette,
Et Jean n'a plus sur sa tête
Son grand bonnet de coton. (les beaux, etc.)
A ses jolis petits doigts
Fanchon n'a plus d'angelures,
On n' voit sur les figures
Des nez roug's comme autrefois.
               (les beaux, etc.)
L'hiver donne des douleurs
Et le printemps des légumes.
L'hiver donne aussi des rhumes
Le printemps des champs de fleurs.
               (les beaux, etc.)
           Propriété de l'éditeur.

RESTONS EN FRANCE

ROMANCE.

Paroles de Louis BURKART.

Air : *Maudite soit la guerre.*

Pourquoi quitter notre douce patrie ?
Est-il au loin une terre bénie
Où les beaux-arts, l'abondance et la paix,
Dans les discords ne s'engouffrent jamais
Ne donnons pas à la jeune Amérique
Cet esprit neuf dont nous avons le sceau,
   travaillons sur la terre artistique
Où les amours ont mis notre berceau.

(Refrain)
La France désolée
Réclame cœurs et bras,
Pour être consolée ;
Ah ! ne la fuyons pas !
Comme les hirondelles,
Toujours, toujours, toujours !
Français, restons fidèles
Aux nids de nos amours.

Une mer bleu et des cieux pleins d'étoiles
De l'espérance et du vent dans les voiles
Peuvent promettre au hardi voyageur
Un avenir dans un monde meilleur.
Mais le calcul est souvent la chimère,
t pour mourir rien ne vaudra jamais
La terre ardente, où jadis notre mère
Rêvait pour nous de bonheur et de paix.

Restons unis sur notre riche terre ;
Le temps promis se rapproche et s'éclaire,
Et notre France, aussi haut qu'autrefois,
Va faire entendre encore sa grande voix.
Pour être prêts, relevons nos murailles
Et n'empruntons aux plus lointains climats,
Dans les ardeurs des paisibles batailles,
Que les produits que la France n'a pas.

LES DERNIÈRES CARTOUCHES

ÉPISODE MILITAIRE.

Paroles de Ludovic de JOUANCY.
Air: *Le maître d'école*, ou: *Parlez plus bas mes chers petits.*

Lorsque je quittai mon village
Pour servir mon noble pays,
J'eus un des premiers l'avantage
De voir de près les ennemis.

C'est dans les plaines de l'Afrique
Que je connus le mot d'honneur.
Mon régiment était stoïque,
Nous nous battions avec fureur.

Refrain :

Les canons nous montraient leurs bouches;
 Sur nous la mitraille pleuvait,
 Pas un soldat ne reculait,
 Car chaque brave répétait :
Brûlons nos dernières cartouches !

De tous les côtés, quel carnage !
L'ennemi pliait sous nos coups;
Toujours nous avions l'avantage
La victoire était bien à nous.
Pour un Français c'est une gloire
D'assister à de tels combats;
Car on garde dans sa mémoire
Qu'on suivait les plus grands soldats.
  Les canons, etc.

Nous étions dans un avant-poste :
Un détachement d'ennemis
Nous entoure et puis nous accoste,
Nous ripostons par nos fusils.
Nous étions vingt, ils étaient mille.
Par vingtaine ils tombaient des rangs;
Nous visions d'un air bien tranquille,
Digne de nos preux conquérants.
  Les canons, etc.

Enfin du renfort nous arrive
Jetant le désordre chez eux;
Car loin d'être sur le qui-vive,
L'ennemi fuit à qui mieux-mieux.

Le colonel vers nous s'avance
En nous disant : braves enfants,
Vous avez bien servi la France ;
Vos faits d'armes sont éclatants !
    Les canons, etc.

Dans les plaines de l'Algérie
Nous nous sommes longtemps battus,
Au nom de la Sainte-Patrie
Nos ennemis étaient vaincus.
Aux enfants de l'humble village
Je dis souvent avec amour :
Ayez, comme moi, du courage,
Vous serez à l'ordre du jour.
    Les canons, etc.

(Propriété de l'éditeur.)

LE CHANSONNIER D'AMOUR

Paroles de **Jacques Bias.**

Air : Mon cœur a vingt ans pour t'aimer.

Ecoutez-moi, jeunes fillettes,
Aux frais minois, aux jolis yeux,
Pour égayer vos folles têtes,
J'apporte des refrains joyeux.
J'ai de doux secrets à vous dire ;
Approchez ici tour à tour   (bis).
De mes conseils n'allez pas rire ; } bis.
Je suis le chansonnier d'amour.

Pourquoi trembles-tu, Mariette?
Crains-tu que je raconte ici
Ce qui rend ton âme inquiète,
Ce qui te fait rougir ainsi.
Les rendez-vous sous le feuillage
Sont imprudents; c'est au grand jour (bis)
Qu'il faut aimer pour rester sage; } bis.
Crois-en le chansonnier d'amour.

On dit aussi, Jeanne la brune,
Qu'avec Lucas, sans y songer,
Tu vas rêver au clair de lune;
Prends garde, il a le cœur léger.
Dans le pays on prétend même
Qu'à tes écus il fait la cour (bis).
C'est pour ta dot seule qu'il t'aime, } bis.
Crois-en le chansonnier d'amour.

Ne pleure plus, pauvre Marie,
Tu soupires bien tristement ;
As-tu peur que l'on te marie
Un jour sans ton consentement?
A ton futur reste fidèle,
Afin qu'il trouve à son retour (bis),
Au nid sa blanche tourterelle ; } bis.
Crois-en le chansonnier d'amour

Propriété de l'éditeur.

VALSE D'ADIEU

Air : *Il est un air à la fois vif et tendre.*
Ou : *Les bois sont verts, les lilas sont en fleurs.*

Je dois partir, ô ma charmante Rose,
L'honneur le veut, il faut donc nous quitter
Ah ! loin de toi je deviendrai morose,
De noirs soucis viendront m'inquiéter.
Je reviendrai ; crois-le, ma bien-aimée,
Car je t'adore, et reverrai ce lieu.
Mais un concert à ton âme animée
Joue une valse, il faut nous dire : adieu.

Je reviendrai.... Promets-moi que ton âme
Conservera, de moi, le souvenir.
Je reviendrai, pour t'appeler ma femme....;
A ton serment, ah ! ne va pas mentir.
Mais tes beaux yeux me disent mille choses ;
J'y mets ma foi, je le dis devant Dieu.
A mon retour nous cueillerons des roses,
En attendant, ma bien-aimée, adieu !

Ma belle, adieu ! car j'entends sonner l'heure
Où mon devoir m'oblige de partir ;
Je ne veux pas, ma Rose, que tu pleure,
Puisque je jure ici de revenir.
Ah ! je sais bien qu'une trop longue absence
Fait bien souffrir...; mais mon honneur le veut.
En m'attendant, prie avec espérance.
Je pars, adieu... Ma bonne Rose, adieu !

JE N'VEUX PAS CHANGER L'GOUVERNEMENT
DE MA FEMME

Paroles d'André MEIGNE.
Musique chantée dans la fille de Mme ANGOT
au théâtre des Folies dramatiques.

AIR : *C' n'était pas la peine.*

V'là longtemps que j' suis en ménage,
D' vant ma femme j' suis un agneau ;
Elle est si bonne, elle est si sage,
Que pour elle j' fais plus qu'il ne faut.
On rit bien de ma complaisance
Dans mon quartier... que voulez-vous ?
Mais si l'on faisait connaissance
D' ma femme, on dirait tout à coup :

>   Vrai c'est une veine
>   De vivre sans peine,
> **Vrai** c'est une veine, j' le dis vraiment
>   De vivre sans peine, assurément,
>   Sous un tel gouvernement.

bis.

Elle fait très-bien la cuisine
Lorsque j'invite des amis.
Le fricot a toujours bonn' mine
Aussitôt qu' les couverts sont mis.
Dès qu' les invités sont à table
Qu'ils ont mangé les premiers plats,
Ils gout'nt un plaisir délectable,
Et chacun murmure bien bas : (REFRAIN) :

J'ai plusieurs enfants que j'adore,
Des vrais chefs-d'œuvre, c'est certain ;
Aussi, ma femme me dit : Dodore,
Sont-ils gentils, nos chérubins,
Ça joue, ça rit, ça nous embrasse
Depuis le matin jusqu'au soir.
Ce bonheur jamais ne me lasse,
C' qui m' fait chanter avec espoir : (REFR.) :

Ma femme hérite d'une tante,
Aussitôt je suis dans l'coton ;
Vous voyez qu'ell' n'est pas méchante,
Ell'me dorlote comme un poupon...
C'est d' puis c' moment-là que j'engraisse
Si bien que l'on n' me r'connaît plus.
Voyez qu'elle n'est pas un'tigresse,
Car elle a toutes les vertus.

DERNIER BAISER

Paroles de RAOUL FAUVEL.

Air : *Mon cœur a vingt ans pour t'aimer.*

Orphelin presqu'à ma naissance
Présage d'un deuil éternel !
Je n'ai jamais eu connaissance
Du doux sourire maternel.
Jamais la tendresse féconde,
En chantant, n'a pu me bercer,
O ma mère, en venant au monde
J'ai reçu ton dernier baiser.

Jeune, j'aimais une orpheline
Heureux de lui tendre la main,
Croyant que la bonté divine
L'avait mise sur mon chemin.
Ma déception fut cruelle ;
En moi tout faillit se briser ;
Pourtant je laissai l'infidèle
Partir sans un dernier baiser.

Une sainte, une honnête femme
Se fit l'ange de mon foyer ;
Et, doublant l'amour de mon âme,
Notre fils vient nous égayer.
Hélas ! d'avoir franchi ma porte
Le bonheur semblait se lasser
Seul le front glacé de la morte
A reçu mon dernier baiser.

L'enfant, ma suprême espérance
Grandissait fier, docile et beau ;
Un jour qu'il défendait la France,
Il fut frappé près du drapeau.
Mais, cette relique chérie,
Mourant, il voulut l'embrasser........
Drapeau sacré de la patrie,
Garde bien son dernier baiser !

(Propriété de l'éditeur.)

LA CHANSON DES MOISSONNEURS

Paroles de J.-E. Aubry. Musique de J. Chabrut

La musique se trouve chez VALADIER, éditeur, 20, rue Domat

ou : Air de *La France guerrière*.

Faites sortir nos grands bœufs de l'étable,
Depuis hier ils ont assez dormi,
Ayez en soin, leur force est admirable,
Car chacun d'eux pour moi vaut un ami.

N'oubliez pas, enfants, la Marie-Jeanne,
Car il fait chaud, il faut se rafraîchir.
Si dans les champs la vieille Marianne
Veut qu'on travaille, elle sait bien nourrir.

Les blés sont mûrs, partez garçons et filles
Le jour bientôt va luire à l'horizon ;
Armez vos bras de faulx et de faucilles
     Pour la moisson.

Dépêchez-vous ; allons Jean, Pierre et Claude,
Toi Marguerite, Annette et Jeanneton ;
Quand sonnera l'heure de la gerbeaude
Nous chanterons, nous danserons en rond.
Pour que le pauvre aussi soit de la fête,
Faites semblant d'oublier des épis.
Si j'ai souvent une mauvaise tête,
Toujours je pense aux pauvres du pays.
    Les blés, etc.

Vite rentrez les gerbes dans la grange ;
Que dans les champs rien ne reste ce soir.
Vous le voyez comme moi le temps change,
Il fait bien lourd et le ciel devient noir.
Pour aujourd'hui redoublez de courage,
C'est le dernier voyage qu'on fera.
Rentrez-les vite, au loin j'entends l'orage,
Demain dimanche on se reposera.
    Les blés, etc.

Tout le bétail repose dans l'étable,
Et dans la grange est resseré le grain.
Allons enfants, mettez-vous tous à table,
Car vous devez avoir bien soif et faim.
De soupe aux choux, de lard et de piquette
Régalez-vous, puis après, bonne nuit !
Pour la gerbeaude il faut que l'on s'apprête,
Demain c'est fête au moins jusqu'à minuit.

LES NORMANDS ET LES PARISIENS

Paroles de Jules DÉHON.
Musique de M. Léon VASSEUR
Chantée dans *La Famille Trouillat*.

Les Gascons et les Parisiens
En v'la ty des blagueurs ! Foi d' femme,
Je suis Normande et je soutiens
Que c'est le Normand qu'on proclame,
Il inventa l' cidre et l' poiré.
Le Parisien, ça me fait d' la peine,
Sans l' sou, pour se désaltérer,
N'a pour lui que l'eau de la Seine.

Ref. Je suis Normande et je soutiens
Qu' nous valons mieux qu' les Parisiens.
Sans les Normands, sur cette terre,
On ne mang'rait pas de poir's d'Angleterre.

Riez de nous à plein gosier,
J' nous moquons bien de vos critiques,
On n' voit pas seul'ment un pommier
Fleurir sur vos places publiques ;
De la justice le palais
Vous cause une frayeur extrême,
Mais nous, quitte à perdre un procès,
Nous tenons à plaider quand même.

Ref. Je suis Normande et je soutiens
Qu' nous valons mieux qu' les Parisiens,
Sans les Normands, sur cette terre,
On ne mang'rait pas de poir's d'Angleterre.

Y a de bonn's gens dans tous pays,
Mais les gars de la Normandie,
Bien mieux que les gars de Paris,
A tous les peuples font envie.

Nous él'vons des ch'vaux et des bœufs,
Et j' crois, sans dépasser les bornes,
Pouvoir dire qu'on est au mieux
Chez nous pour voir des bêt's à cornes.

Ref. Je suis Normande et je soutiens
Qu' nous valons mieux qu' les Parisiens,
Sans les Normands, sur cette terre,
On ne mang'rait pas de poir's d'Angleterre.
(Propriété de l'éditeur.)

LA
Neige de la tombe

Paroles de *Pierre Le Gay*.
Airs : De la Lionne, ou : Les Lilas sont en fleurs.

Neige de tombe, en ce temps de l'année,
Où par flocons s'épaissit ton linceul,
Je vais souvent, par la pâle journée,
Errer, songeur, au milieu de ton deuil.
Tout disparaît sous ta couche funèbre,
Où lentement j'ensevelis mes pas,
La pierre obscure et le tombeau célèbre...
Morts, il fait froid : ne vous réveillez pas !

Neige de tombe, en suspendant tes franges
Aux petits bras de la croix d'un enfant,
De l'innocent tu rappelles les langes
Et son baptême en son grand manteau blanc.
Ange envolé, quand sa paupière blonde
S'ouvrait à peine aux clartés d'ici-bas,
Tu ne pus vivre au soleil de ce monde :
Il fait si froid ! ne te réveille pas !

Nige de tombe, en te voyant, je pense :
Qui donc ici s'est couché pour toujours?
Est-ce la vierge en robe d'innocence,
Fleur d'oranger arrachée aux amours? »

Tu la revêts d'une autre robe blanche;
Mais en songeant à son destin, hélas!
Le genou plie et la tête se penche...
Morte, il fait froid : ne te réveille pas!

« Neige de tombe, à ton aspect sévère,
Je crois revoir, se dressant devant moi,
Le beau vieillard, vénérable grand'père,
Aux cheveux blancs éclatants comme toi.
En souriant, il a rejoint l'aïeule
Qui nous berçait tout petits dans ses bras.
« Au moins, dit-il, tu ne seras plus seule... »
Morts, il fait froid : ne vous réveillez pas!

Propriété de l'éditeur.

QUATRE FEMMES
POUR
UN HOMME

Paroles de J. E. AUBRY

Air de : *La Fille à Jérôme*.

REFRAIN

J'ai t'y du guignon
J' suis dans un' maison,
Où la cuisinière
La vieille portière,
La femme de chambre et la bonn' d'enfant
Sont si foll's de moi qu' c'en est embêtan..

J'ai comm' palfrenier un' des plus bell's têtes
Je n' connais pas l' grec, encor' moins l' latin,
Mais j'ai tant d'esprit pour soigner les bêtes
Qu'on vient m' consulter, le soir et l' matin.
    J'ai ty du guignon, etc.

Si je ne veux pas de la cuisinière
Qu'à toujours pour moi des yeux assassins,
C'est qu'elle a, d'après la vieille portière,
Dans chaqu' régiment deux ou trois cousins.
     J'ai ty du guignon, etc.

Je crois la portière une femme sage,
Mais ell' n'aura pas ma main et mon cœur;
Elle compte plus de soixante ans d'âge,
C'est un peu trop mur pour fair' mon bonheur.
     J'ai ty du guignon, etc.

La bonne d'enfant en dessous me lorgne,
A me plaire enfin ell' met tout son orgueil,
Mais elle est grêlée et d' plus elle est borgne,
Et je ne tiens pas d' lui donner dans l'œil.
     J'ai ty du guignon, etc.

La femme de chambre est la quatrième,
J'allais l'oublier, pourtant sur ma foi,
D'un sincère amour je sais qu'elle m'aime
Et qu'elle a juré de s' tuer pour moi.
     J'ai ty du guignon, etc.

Adieu cuisinière et vieille portière,
Adieu femm' de chambre et bonne d'enfant,
Vous pouvez m'aimer tant qu' ça peut vous plaire,
Moi je n' vous aim' pas, c'est bien différent.

     J'ai ty du guignon, etc.
     J' suis dans un' maison,
       Où la cuisinière,
       La vieille portière.
La femme de chambre et la bonn' d'enfant
Sont si foll's de moi qu' c'en est embêtant.
               Propriété de l'éditeur.

LES ASPIRATEURS

Air : du *Chœur des conspirateurs*,
Chanté dans la

FILLE DE MME ANGOT

au théâtre des Folies-Dramatiques

Paroles de R. RABILLOUD.

Quand on aspire
De la liqueur,
On peut se dire
Aspirateur.
Dans la bouteille
On doit y voir
Liqueur vermeille
Matin et soir.
(bis)

Quand on conspire
Contre un buveur,
Ça me fait rire
De bien bon cœur.
Car sur ma table,
Je vois toujours
Vin délectable,
Vin des amours.

Cherchez sur terre
L'or et l'argent,
Moi je préfère
Le jus charmant.
Quand dans mon verre
Il coule à flots,
Ça me fait faire
Les meilleurs mots.

Qu'est-ce qui donne
Gaîment l'amour,
C'est une tonne
Aux beaux contours.
Le jus ruisselle,
Il fait aimer (*bis*)
La jeune belle
Qui sait charmer.

LE PIÉD DE MOUTON

Paroles de Auguste HARDY.
Air : *Tu n'en as jamais rien su.*
Ou : *des Auvergnats.*

Chacun son goût, sa manière,
Les uns aiment le gigot;
D'autres les pommes de terre
Ou bien la tête de veau.
J' laisse à chacun sa recette,
Moi je vous dis sans façon,
Quand il est à la poulette
J'aime le pied de mouton. } *bis.*

Dans un' joyeus' compagnie,
L'autr' jour je fus invité;
V'là que mad'moiselle Sophie
M' dit : goûtez-moi d' ce pâté ;

J' répondis à la brunette
Je vois bien qu'il est très-bon ;
Mais j' préfère à la poulette
Un joli pied de mouton.   } bis.

En sortant d'une soirée
J'avais faim, ma femm' m'offrit
Un joli plat de marée
Où l'on voyait du persil.
J' lui dis : l' persil, mignonette
N'est pas fait pour le poisson ;
Il est fait pour la poulette,
La sauce du pied d' mouton.   } bis.

J'avais deux francs dans ma poche,
J'entre chez un p'tit traiteur,
On m'offre d' l'oie à la broche,
Mais ça n' fait pas mon bonheur.
Servez-moi sur mon assiette,
Dis-je à l'étonné garçon,
Un bon pied à la poulette,
C'est-à-dire, un pied d' mouton.   } bis.

De ce pied j' suis idolâtre.
Aussi j'en reçois tout l' temps,
J' suis pas l' seul, car un théâtre (1)
Le montre d' puis longtemps,
Aussi tout l' monde répète,
En rentrant à la maison :
J' veux un pied à la poulette,
Je veux un pied de mouton.   } bis.

(1) Théâtre de la Porte-Saint-Martn.

LA TIMBALE EN ARGENT

Chansonnette.

Paroles d'André MEIGNE.

Air : *Ah! le bel oiseau mamam.*

REFRAIN.

J'possède et j'en suis content,
  Un' timbale
    Qui fait ma balle ;
J'possède et j'en suis content,
Un' bell' timbale en argent.

J'ai gagné ce beau bijou,
En grimpant au mat d'cocagne ;
J'ai risqué de m' casser le cou,
En me disant : Faut que j' gagne.
    Je possède, etc.

Maintenant que j'ai l'objet,
Toutes les filles du village
Me disent : mossieu Jacquinet,
Prenez-moi, je suis bien sage.
    Je possède, etc.

Pour moi c'est un talisman,
Car avant toutes les filles
Me repoussaient en s'moquant...
Maint' nant j'ai les plus gentilles.
    Je possède, etc.

Si les bell's cour'nt après moi,
C'est qu'ell's connaiss'nt mon courage,
Je ne pass'rai plus, ma foi !
Pour un serin mis en cage.
    Je possède, etc.

J' sais bien qui je vais choisir
Pour être ma légitime,
C'est un' fill' belle à ravir
Mais qui n'a pas un centime.
    Je possède, etc.

C'est elle' qu'aura mon trésor,
Car elle a du cœur et d' l'âme ;
Aussi j' vous l' répète encore,
C'est elle qui s'ra ma femme.

JE VEUX
VOIR LA COMÈTE
DE 1874

Paroles de J. E. AUBRY.

Air : De *la Belle Dijonnaise*.

Avec toi Nicolas
J' voudrais bien voir la comète,
Vite partons de c' pas,
Le veux-tu Nicolas?
On dit quelle est jolie,
Contente mon envie;
Je meurs de désespoir
Si je n' peux pas la voir,
Je veux, foi de Jeannette (*bis*),
Je veux voir la comète.

Je fais tout c'que tu veux,
J'voudrais bien voir la comète,
Je fais tout c'que tu veux
Pour que tu sois heureux.
Pour plaire à ta petit' femme
Qui t'aim' de tout' son âme,
Emmèn' moi Nicolas
Tu n't'en r'pentiras pas.
Je veux, foi de Jeannette (*bis*)
Je veux voir la comète.

Quand tu m' faisais la cour,
J' voudrais bien voir la comète,
Quand tu m' faisais la cour,
Tu m' disais chaque jour,

Pour t' prouver ma tendresse
J' t'obéirai sans cesse,
Je te d'mande un plaisir,
Tu n' veux pas m'obéir.
Je veux foi de Jannette (*bis*),
Je veux voir la comète.

Une femm' du grand ton,
J' voudrais bien voir la comète,
Une femm' de grand ton
Te dirait mon bichon
Je veux un' rob' nouvelle,
Des bijoux, d' la dentelle ;
Sans qu' ça n' te coûte un sou,
Moi j' te dis mon loulou
Je veux, foi de Jeannette (*bis*),
Je veux voir la comète.

Si tu n' veux pas venir,
J' voudrais bien voir la comète,
Si tu n' veux pas venir,
Sans toi je vais partir,
Quitte à fair' plus d'un' lieue
J' veux admirer sa queue,
Qui brille au firmament
Que c'est éblouissant.
Je veux, foi de Jeannette (*bis*),
Je veux voir la comète.

Jeannette pas d' chagrin,
Nous irons voir la comète,
Car nous aurons enfin
Par elle du bon vin.
La comète, mon ange,
Donn' toujours un' vendange
Qui réjouit le cœur
De chaque franc buveur.
Partons ma p'tit' Jeannette (*bis*),
Allons voir la comète.

APPRENDS A MANIER LES ARMES
Paroles de A. HARDY.
Air : *Du maître d'école*, ou : *Parlez plus bas, mes chers petits.*

Près d'une croix plantée en terre,
Un petit garçon, sanglotant,
Disait : Ici, mon pauvre frère,
Hélas ! est mort en combattant.
« Enfant, lui dit, d'une voix ferme,
Un vieillard qui passait par là :
A ta tristesse, mets un terme :
Ne pleure pas comme cela.

Refrain : Enfant, ne répands plus de larmes :
Avec le temps on devient fort ;
On peut se relever encor !   (*bis.*)
Apprends à manier les armes.

O fils de la France chérie,
Souviens-toi, mais ne pleure pas ;
Ton frère est mort pour la patrie :
C'est le plus noble des trépas.
Ne te laisse jamais abattre,
Point de faiblesse dans ton cœur ;
Car, s'il te faut un jour te battre,
Mon enfant, tu seras vainqueur. Enfant, etc.

Sur le passé qui te désole,
Jette toujours un voile épais ;
Crois-en l'ami qui te console :
Laisse les morts dormir en paix.
Songe à l'avenir de la France,
Et, plutôt que de sangloter,
Du pays, fais-toi l'espérance,
Cesse aujourd'hui de t'attrister. Enfant, etc.

Tu grandiras, je te l'assure !
Et l'aurore de l'avenir
Cicatrisera la blessure
Que te laisse le souvenir.
Allons! relève donc la tête !
Vers le progrès, guide tes pas ;
Car c'est la plus grande conquête
Que nous pouvons faire ici-bas. Enfant, etc.

(Propriété de l'éditeur.)

UN MARI

Qui n'est pas content

Paroles d'Alfred BOURRELIER.

Air : *Ça vous coup' la gueule à quinze pas.*

De l'attention, écoutez, mes amis,
  Et vous me plaindrez, je le gage ;
C'est quand vous saurez que maintenant je suis
  Une victim' du mariage.
  Je n' suis marié que d'puis deux jours,
Et déjà je dédaigne mes amours.
  Ce mariage ne me rend pas fier ;
  J'étais plus heureux avant-hier.

Elle était hier douce comme un mouton ;
  Dam, c'était le jour du mariage.
Elle est aujourd'hui plus mauvais' qu'un démon
  C'est bien ce qui me décourage.

Je d'viens taciturne et rêveur;
Ce froid hymen, hélas! fait mon malheur.
Ce mariage ne m'rend pas fier;
J'étais plus heureux avant-hier.

Je n' pourrai jamais arrêter son caquet,
Du matin au soir, ell' bougonne;
Elle a, voyez-vous, l' caractèr' si mal fait,
Aussi mal fait que sa personne.
Ell' n'est pas bell'... n'en parlons plus,
Mais, en revanche, elle a tout's les vertus.
Ce mariage ne me rend pas fier;
J'étais plus heureux avant-hier.

Est-il un humain plus malheureux que moi?
Non, il n'en est pas sur la terre.
Ah! j'aurais été, je vous l' jur', sur ma foi
Bien plus heureux célibataire.
Maint'nant, je ne vois que la mort
Qui pourra seule, hélas! changer mon sort.
Ce mariag' ne m' rend pas fier;
J'étais plus heureux avant-hier.

Avec mes amis, à partir d'aujourd'hui,
Je veux toujours boire et bien rire;
Je n' vois que ce moyen pour chasser mon ennui,
Et ma femme aura beau médire,
Si ça déplaît à mes amours,
C'est malheureux... mais je dirai toujours:
Ce mariage ne m' rend pas fier;
J'étais plus heureux avant-hier.

(Propriété de l'éditeur.)

LES
REMÈDES DE MA PORTIÈRE

Paroles de J.-E. AUBRY.

Air : *Mariez-vous donc*, ou : *Çà va bon train.*

Avez-vous un grand mal de tête,
Prenez bien vite un' tass' de thé,
Avec un' chopin' d'anisette,
Puis après un lapin sauté,
Avec un énorme pâté;
Ajoutez-y la cotelette,
La salade et le gloria ;
La guérison sera complète,
   Prenez-moi ça. (4 *fois*).

Si vous avez la coqueluche,
Où bien un rhume de cerveau,
Faites-vous du bouillon d'autruche,
Avec les quatre pieds d'un veau,
Ou bien la bosse d'un chameau;
Un clou de girofle, un'muscade,
Un demi-kilo d'quinquina,
Et vous ne serez plus malade.
  Prenez-moi çà.

Si votre homme souvent se grise,
Mettez quand il est endormi,
D'la poudre à punais' dans sa ch'mise,
De l'essence de céleri,
Un soupçon de sucre candi;
Du sang d'anguille et d'l'encre noire,
Que par vos soins il aval'ra,
Tous çà l'empêchera de boire
  Prenez-moi çà.

Si vous atrappez la colique,
Faites bouillir à gros bouillon
Trois litres d'acid' sulfurique.
Avec un' gouss' d'ail, un oignon,
Du miel, un' tranche de jambon.
De l'huil' de ricin, deux chandelles,
Du verr' pilé, quatr' pattes d' chat,
Puis vous m'en direz des nouvelles.
  Prenez-moi çà.

Avez vous souvent la jaunisse,
Des palpitations de cœur?
Faites fondre du jus d'réglisse,
Dans de l'eau d'Javelle ou d'chou-fleur,
Et buvez chaud, c'est le meilleur.
Chaque jour prenez-en six pintes,
Vous verrez qu'çà vous guérira,
Tous mes remèd's s' prennent sans crainte.
  Prenez-moi çà.

ON CHANTERA TOUJOURS LA FRANCE

Chanson patriotique.

Interpretée par Mme Jeanne Champagne
Aux Concerts de l'Alhambra.

Paroles d'Auguste HARDY.
Musique de Jean CHABRUT.

Le siècle va passer laissant pour héritage
A tout homme de cœur le plus bel avenir,
Plus de sang répandu, de haine, ni d'outrage ;
La paix, la sainte paix, saura tout obtenir.
Nous avons ce qu'il faut pour que notre Patrie
Monte au sommet du grand, du sublime, du beau,
Serrons-nous donc la main en bénissant la vie
Le progrès nous éclaire, arborons son drapeau.

On chantera toujours notre immortelle France ;
Les Arts et le Travail lui donnent leurs bienfaits.
Nous devons saluer ce siècle d'espérance,
Consacrons tous nos jours au règne du Progrès.

Enfants souvenez-vous de notre grande histoire,
Des hommes dont les noms sont partout répétés,
Ceux qui mirent la France au premier rang de gloire,
Ceux qui pour leur valeur étaient partout cités,
Ces hommes, ces héros que l'Univers admire,
Sont : Daumesnil, Kléber, Desaix, Hoche et Marceau.
La vieille Europe encore semble nous dire :
Ces généraux ont fait du vieux monde un nouveau.

L'instruction partout aujourd'hui nous éclaire.
Par elle, désormais chacun sera guidé,
Nos enfants comprendront sa divine lumière,
Nos fils par elle iront à la postérité,
Le savoir tressera pour eux une couronne,
Car, plumes et marteaux formeront leurs blason,
Ils auront la charrue ! de par elle on moissonne,
On saluera partout la bonne saison.

NE T'EN VAS
DONC PAS
MADELEINE

Paroles de Louis André AUGUSTE.

Air : *J'arrive à pied de province.*
Ou : *De l'homme sans pareil.*

J' venais d' cueillir un' citrouille,
   Quand j' rencontre soudain
Mad'leine, et mon cœur s'embrouille,
   J'avais l'air d'un s'rin ;
Ell' pour me fair' de la peine
   Pressait, doublait l' pas,
Quand j' lui criais : Mad'leine,
   Pourquoi qu' tu t'en vas ?

Tu sais pourtant ben que j' t'aime ;
   J'en maigris tout l' temps,
Car mon amour est extrême
   Et j'en souffre en d'dans.
Attends-moi sous le gros chêne :
   Quoi ! tu presses l' pas.
Pourquoi qu' tu t'en vas Mad'leine,
   Pourquoi qu' tu t'en vas ?

J' dois hériter d' mes deux tantes,
   D' six lapins, trois veaux ;
Ces bêt's-là nous f'ront des rentes
   Par leurs bons morceaux.

Nous n' vivrons pas dans la gêne,
  Nous mang'rons d' bons plats.
Ne t'en vas donc pas Mad'leine,
  Ne t'en vas donc pas. } bis.

Mon parain m' donn'ra deux vaches,
  Mon oncle un ânon;
Mon père, il faut qu' tu le saches,
  M' donn'ra sa maison.
Notre bourse sera pleine,
  Tu t' habilleras
De rob's de soie tout' la s'maine, } bis.
  Ne t'en vas donc pas.

Enfin je vois que tu restes,
  Ça me fait plaisir;
Si je porte de bell's vestes,
  T'auras du cach'mir.
Dans la quinzaine prochaine
  Je t'épouserai.
Tu n' t'en iras plus Mad'leine } bis.
  Quand je resterai.

ÇA ME FAIT SUER

Chansonnette.

Paroles de A. HARDY.

Air : *Mariez-vous donc*, ou *On les pendra.*

Voulez-vous savoir ma pensée
Sur des jeun's gens qui s' croient malins,
Dont l'âm' ne fut pas tracassée
Par les tourments et les chagrins; (*bis.*)
De ces gens qui s' moquent des peines
D' ceux que l' malheur vient affliger;
Quand je vois ces energumènes,
　Ça me fait suer ! (4 *fois*).

Quand j' vois un' femme s' mettre du **plâtre**
Rouge ou blanc, suivant son désir,
Croyant voir un' foule idolâtre
Lui dir' : vous semblez rajeunir (*bis*),

Pour moi ça m' fait l'effet contraire :
Quand j'en vois un' se maquiller,
Je lui crie : ma petite mère,
   Ça me fait suer ! (4 fois.)

Je n'aim' pas le propriétaire
Qui n' répar' pas l'appartement
Que vient louer un locataire
Qui le paie en argent comptant. (bis.)
Pour moi quand il faut fair' des chasses
Aux insectes qui vienn' nt me saluer,
En les poursuivant jusqu'aux glaces,
   Ça me fait suer ! (4 fois).

Parlons un peu de la Patrie.
S'il me faut la servir un jour,
Je veux à tous porter envie
D'vant l'ennemi n' pas faire four. (bis).
Quand j'en vois d'autr's penser l' contraire,
Ayant trop peur de s' faire tuer.
Ces hommes-là renient leur mère.
   Ils me font suer. (4 fois.)

Quand j' vois un pêcheur à la ligne
Rester huit heur's pour un poisson,
Je me dis : vraiment il est digne
D'avoir plus d' bonheur à l'ham'çon (bis),
Mais je le trouv' beaucoup plus bête
Que les poissons qu'il veut pêcher ;
Un jour entier pour une ablette.
   Ça me fait suer ! (4 fois).

Enfin mes amis je termine
Ces couplets qui me plais'nt beaucoup ;
Si vous m' dites : tu nous bassines,
J'm'en mettrai pas la corde au cou (bis),
Seulement tout ce que j'désire
C'est que vous n'alliez pas me huer
Et que je n' vous entend' pas dire
   Tu nous fait suer ! (4 fois.)

QU'EN DITES-VOUS

Bluette

Chantée par madame Lucie Boursignon
Aux Folies d'Athènes.

Paroles d'A. HÉBERT.

Musique d'AUBERT DENIAL.

Ou : Air *Tu n'en as jamais rien su.*

Sachez, Colin, qu'dans not' commune
Chacun m'estime et me chérit ;
A votre amour qui m'importune,
Il faut un frein, je vous l'ai dit :
Vous voulez tromper fille sage,
Pour ça seulement vous v'nez chez nous,
Si j'vous l'rendais après l'mariage,
Eh ben, monsieur ! qu'en dites vous ?

Je n'crois en rien à vos promesses
Y' n'manque pas d'filles dans not'canton
Qui, satisfaites d'vos largesses,
Vous f'ront tourner comme un tonton ;
Allez d'mander à ces d'moiselles
Le langage de leurs yeux si doux.
Si je l'voulais j'frais ben comme elles ;
Eh bien, monsieur ! qu'en dites-vous ?

Vous dit's, chaque soir, après l'ouvrage,
Comm' des verdiers nous chanterons,
Et pour compléter not' ménage
Tous nos enfants nous chériront ;
Puis, ces marmots, en qui j'espère,
J'les f'rai sauter sur mes genoux.
S'ils ne r'semblaient pas à leur père,
Eh ben, monsieur ! qu'en dites-vous.

Colin; j'voulais faire une épreuve,
Mais en voyant votre chagrin,
Je n'vous en veux pas et pour preuve,
Prenez ami, voici ma main.
D'vous tromper, j'n'aurais pas l'courage,
Surtout ne soyez pas jaloux.
Colin, j'vous aime et sans partage.
Eh ben, monsieur, qu'en dites-vous ?

TABLE

O ma tendre musette.	5
Ote-moi ton chignon.	7
Ne pensons pas que nous deviendrons vieux.	8
Prenez pitié de ma binette.	10
Ne dansez plus.	12
La jolie parfumeuse.	13
Le drapeau tricolore.	15
La foire de notre pays.	17
La faubourienne.	19
C'est le bon Dieu qui la voulu.	21
Le désespoir d'un pochard.	23
Le repentir.	25
Binettes et trompettes.	27
Petits enfants	
Autant mourir de ça qu'd'dautr'chose.	30
L'épicier qu'a perdu la cervelle.	32
On meurt encor d'amour.	34
L'Herbette ou le retour du printemps	35
Restons en France.	36

Les dernières cartouches.	38
Le chansonnier d'amour.	40
Valse d'adieu.	42
Je ne veux pas changer le gouvernement de ma femme.	43
Dernier baiser.	45
La chanson des moissonneurs.	46
Les Normands et les Parisiens.	48
La neige de la tombe.	49
Quatre femme pour un homme.	51
Les aspirateurs.	53
Le pied de mouton.	54
La timbale en argent.	56
Je veux voir la comète.	58
Apprends à manier les armes.	60
Un mari qui n'est pas content.	61
Les remèdes de ma portière.	63
On chantera toujours la France.	65
Ne t'en vas pas Madeleine,	66
Ça me fait suer.	68
Qu'en dites-vous ?	70

Paris. — Typ. A. Parent rue Monsieur-le-Prince, 31.

www.ingramcontent.com/pod-product-compliance
Lightning Source LLC
LaVergne TN
LVHW051510090426
835512LV00010B/2452